Propriété des Editeurs.

Sœur Louis

SŒUR LOUISE

OU

LA PIEUSE BERGÉRE

DU MONT DE PARMÉNIE.

PAR M. L'ABBÉ R....

LIBRAIRIE DES BONS LIVRES.

LIMOGES	PARIS
Martial Ardant frères,	Martial Ardant frères,
rue des Taules.	quai des Augustins, 25.

1857

SŒUR LOUISE.

I

Le mont de Parménie, situé aux extrémités du diocèse de Grenoble, entre cette ville et Lyon, dont il est éloigné de douze lieues, s'élève entre deux vastes plaines, la plaine de Bièvre, qui

s'étend du côté du Vivarais jusqu'au-delà du Rhône, et la plaine
luxuriante de Tullin, arrosée et
fécondée par l'Isère.

Cette montagne étant isolée,
l'accès en est ouvert de toutes
parts, bien qu'on y arrive plus
difficilement par certains endroits
que par d'autres. On suit des
petits sentiers bordés d'arbris-
seaux et d'arbres de haute futaie
jusqu'au sommet, où l'on voit se
dérouler à ses pieds une partie du
Dauphiné avec ses villes et ses
villages, à moitié cachés au milieu des bois ou semés çà et là

dans la plaine. On y trouve, vers le nord, de longues allées d'arbres où règne dans les plus grandes chaleurs une fraîcheur continuelle; et, en temps d'orage, quelque vent qu'il fasse, on est toujours assuré de trouver un abri dans un des côtés de la montagne.

La nature du lieu, la solitude, le silence si cher à ceux qui veulent réfléchir, tout porte au recueillement et à la méditation.

On y éprouve une impression religieuse indéfinissable qui saisit l'âme, et l'on ressent comme un vague désir de cacher sa vie dans cette tranquille solitude.

Ce fut là que, inspirée d'en haut, une jeune bergère, appelée Louise, éleva un sanctuaire en l'honneur de la mère de Dieu, et ce fut là aussi qu'elle passa une grande partie de sa vie dans la solitude, occupée uniquement de Dieu et de sa bonne mère, la Vierge Marie, qu'elle honora et vénéra pendant toute sa vie d'un culte particulier. Puisse cette courte vie de sœur Louise produire dans ceux qui la liront une noble émulation des vertus qu'elle pratiqua, et particulièrement de l'amour qu'elle porta constamment à Marie.

II

Le 2 septembre 1646, une vil-
lageoise du Touvet, petit bourg
à quatre lieues de Grenoble, donnait le jour à une fille que l'on
crut morte à sa naissance ; elle
ne donnait pas le moindre signe

de vie, bien que la chaleur de son petit corps fît croire qu'il y avait encore quelque espérance de la conserver à l'existence.

Un des parents proposa alors de la consacrer à Marie, afin d'obtenir de cette mère de miséricorde qu'elle prolongeât les jours de l'enfant, au moins le temps nécessaire pour recevoir le baptême. Cette proposition fut regardée comme inspirée du ciel, et l'on voua solennellement la petite fille à la mère de Dieu.

Marie, qui avait ses vues de miséricorde sur cette enfant, fit

voir aussitôt combien l'offrande lui
était agréable; car tous les assistants virent alors, avec grande
surprise, s'agiter ce petit corps
que l'on croyait sans vie, et ils
entendirent en même temps de
faibles cris poussés par la frêle
créature. Tous, ravis, se mirent
à louer Marie et à lui rendre de
solennelles actions de grâces.

Non-seulement la petite fille
eut le temps d'être baptisée et de
recevoir à son baptême le nom
de Louise, mais elle vécut encore
dans la suite de longues années,
et devint une des servantes les plus

dévouées de la sainte Vierge.

Elle n'avait que deux ans lorsque ses parents laissèrent la
paroisse du Touvet pour venir
habiter dans celle de Beaucrois-
sant, au pied du mont de Parménie que nous avons décrit.
Comme ils étaient pauvres, et
que tout leur temps était employé
au travail des mains, ils négli-
gèrent complétement l'instruction
de leur fille ; en sorte que Louise
parvint à l'âge de quatorze ans
sans avoir aucune connaissance
des mystères de la religion. Mais
Marie, qui veillait sur sa jeune

protégée, ne souffrit pas qu'elle restât plus longtemps privée du bonheur de connaître Dieu.

Un jour que, gardant son troupeau au pied d'un arbre, elle faisait diverses réflexions, la sainte Vierge lui fit comprendre, en lui parlant intérieurement, combien elle avait besoin d'instruction; et Louise en fut tellement frappée qu'elle conçut un vif désir de s'instruire. Comme ses parents ne pouvaient lui donner une instruction qu'ils n'avaient pas eux-mêmes, elle prit le parti d'entrer en service.

La Providence conduisit les pas de la jeune fille dans la maison d'un riche bourgeois de Rives, et où vivait un vertueux ecclésiastique. Louise lui ouvrit son cœur, lui avoua son ignorance et le désir ardent qu'elle avait d'en sortir. Enchanté de trouver de telles dispositions dans la jeune fille, le digne prêtre s'empressa d'accéder à ses vœux; il lui apprit le catéchisme, lui développa les enseignements de la religion, et lui apprit diverses prières; il lui enseigna, entre autres, à réciter le Chapelet.

Louise montrait des dispositions si heureuses, et une si grande ardeur d'apprendre, qu'en peu de temps elle fut suffisamment instruite; du reste, Marie, qui l'avait prise sous sa protection, développait son intelligence, agrandissait son cœur, et la rendait plus capable des grands enseignements qu'elle recevait.

On ne peut dire la joie de la pieuse fille lorsqu'elle se vit instruite des vérités de la religion. Alors son amour pour Dieu et pour Marie s'accrurent bien davantage; elle en parlait con tinuellement. Tout le jour, en gardant son troupeau, elle priait Dieu et la sainte Vierge, récitant le Chapelet ou quelque autre prière. Tout ce qu'elle avait sous les yeux, elle le faisait servir à augmenter son amour pour Dieu et sa dévotion envers Marie. Dans le chant des oiseaux elle voyait un hymne de louange de la création envers Dieu, et souvent elle élevait elle aussi la voix et se mettait à chanter quelque pieux cantique; le ruisseau qui coulait avec rapidité la faisait souvenir de la brièveté de la vie et de la mort qui la suit : et alors elle pensait sérieusement à l'autre vie, et se promettait, avec le secours de Marie, de vivre plus chrétiennement encore qu'elle ne l'avait fait jusqu'alors ; dans les fleurs qu'elle pouvait rencontrer elle voyait toujours un emblème de quelques vertus de la sainte Vierge : les fleurs blanches, par exemple, lui rappelaient la pureté sans tache de la mère de Dieu, et elle se promettait alors de demeurer vierge comme elle.

La jeune bergère n'avait cependant pas oublié ses parents

et l'ignorance dans laquelle ils avaient vécu des vérités de la religion. Son père était mort; elle aurait bien voulu se trouver à ses derniers moments pour l'instruire : n'ayant pas eu ce bonheur, elle résolut du moins de se consacrer tout entière à instruire sa mère.

Elle se rendit auprès d'elle et y demeura deux ans, lui donnant les soins affectueux d'une fille dévouée. Elle lui développait les mystères de la religion, et s'exprimait avec tant de feu et d'onction, surtout lorsqu'elle parlait de Marie, que sa mère disait plus d'une fois en pleurant : « Louise est pour moi un ange de consolation. Lorsqu'elle me parle de Marie, je me sens si pénétrée que je ne peux m'empêcher de partager moi-même l'amour qu'elle ressent.

Pendant ce temps, elle prit la coutume de mener son troupeau sur la montagne de Parménie, afin de prier Dieu devant un autel qu'elle avait aperçu au milieu des ruines d'une ancienne église. Pendant que ses brebis paissaient librement et broutaient les herbes

qui croissaient à travers les
pierres disjointes de l'édifice rui-
né, la bergère prenait son Chapelet qu'elle récitait plusieurs
fois, avec quelques autres prières
à la très sainte Vierge. Dès lors
elle conçut un grand désir de voir
adorer dans ce lieu Marie et son
divin fils, et chaque fois qu'elle
y venait prier ce désir s'augmen-
tait. Heureuse fille qui devait
voir plus tard ses désirs s'accom-
plir, et qui devait être elle-même
l'instrument des miséricordes de
Marie !

III

Après la mort de la mère, les parents de Louise l'engagèrent fortement à se marier ; mais la pieuse fille refusa constamment les partis qu'on lui proposait. Elle avait résolu de rester vierge

et de consacrer à Marie sa virginité. Aussi la mère de Dieu se
plut à récompenser ce sacrifice
de sa dévouée servante par des
grâces abondantes et des faveurs
signalées; si elle ne lui apparut
pas visiblement, comme elle le
fit pour quelques saints, elle lui
parla au cœur d'une manière si
sensible, que l'heureuse bergère
croyait quelquefois converser
avec la Reine des cieux. Cette
douce mère, qui la réservait
pour un grand dessein, ne se
contenta cependant pas de cette
offrande si généreuse qu'elle lui

fit de sa virginité; elle voulut encore l'élever à de plus hautes vertus.

Elle aimait, comme nous l'avons dit, à mener paître son petit troupeau sur le mont de Parménie. En y faisant sa prière comme de coutume, elle fut un jour éclairée d'une lumière intérieure qui lui fit connaître qu'elle devait tendre à une plus grande perfection; et se regardant comme une grande pécheresse, quoique sa conduite eût toujours été très réglée, elle fut pénétrée d'une si vive douleur, qu'elle répandit des torrents de larmes, pendant plusieurs jours, sans pouvoir se consoler. *Hélas ! disait-elle avec douleur, j'étais devenue enfant du démon ; je n'é- tais plus aux yeux de Dieu qu'un objet d'horreur et d'indignation, si Jésus-Christ mon Rédempteur ne s'était incarné et n'eût souffert la mort pour moi.*

On donnait une mission dans une des communes voisines. Louise y courut et fit une con- fession générale de sa vie passée avec tant de douleur, que le saint missionnaire eut beaucoup de peine à la rassurer et à lui faire comprendre que ses péchés lui étaient pardonnés. Elle lui parlait avec tant de simplicité et de candeur, qu'il en fut saisi d'admiration, et il lui dit : *Allez, ma fille, aimez bien le bon Dieu ; il a sur vous de grands desseins de miséricorde.*

Le démon, jaloux de la vertu naissante de la bergère, et prévoyant le bien qu'elle était appelée à faire, voulut entraver les desseins de miséricorde que Marie avait sur elle.

En revenant de la mission dont

nous avons parlé, Louise fut un objet de dérision pour les habitants du village : les uns la traitaient de folle, de dévote fanatisée; les plus sages haussaient les épaules de compassion, et ne voyaient dans sa piété que l'effet d'un cerveau exalté qui avait besoin de conseils salutaires pour être ramené dans les bornes de la raison. L'humble fille aurait supporté sans se plaindre les sarcasmes d'un monde méchant, qui, selon la parole de Jésus-Christ, persécutera toujours les saints. Mais ce qui l'affligea le

plus, c'est que tous les ecclésias-
tiques qu'elle connaissait parta-
geaient l'opinion commune, et
aucun d'eux ne voulut l'entendre
en confession. Elle mit alors
toute sa confiance en Marie, et
l'implora avec instance, la priant
de lui faire connaître un confesseur; elle fit même dans cette
intention une neuvaine à Notre-
Dame de l'Osier.

Elle ne fut pas longtemps sans
avoir des signes de la bonté de
cette mère de miséricorde. En
entrant dans l'église paroissiale
de Tullin pour y faire sa prière,

elle vit un prêtre au pied de l'autel. Elle s'approcha de lui et le pria de la prendre sous sa direction. Le digne ecclésiastique y consentit, et permit à Louise de venir le trouver. Elle fut très sensible à cette marque d'amour de la sainte Vierge, à laquelle elle attribuait cette faveur, et elle lui en rendit de sincères actions de grâces.

IV

Quelque temps après ce fait, Louise faisait paître son troupeau sur le mont de Parménie, la veille de *Notre-Dame de Septembre*. La pieuse bergère avait toujours coutume de se préparer aux fêtes de la mère de Dieu par le jeûne et la prière. En récitant pieusement un Chapelet devant l'autel de l'église en ruines dont nous avons parlé, et qui naguère avait été consacrée à la sainte Vierge, Louise prit la résolution de venir faire la même prière les sept jours suivants en l'honneur des sept joies de la sainte Vierge; ce qu'elle exécuta religieusement. Le septième jour, qui était la fête de l'*Exaltation de la Sainte Croix*, lorsqu'elle était en prière, elle entendit une voix intérieure qui lui dit à plusieurs fois : « C'ets ici le lieu où Marie veut être honorée; ici elle recevra les pécheurs avec une bonté plus touchante que partout ailleurs; Louise, c'est toi qu'elle a choisie pour lui élever un sanctuaire en ces lieux. »

L'humble bergère crut être sous l'influence d'une illusion, d'un songe trompeur; mais la voix lui répéta si souvent les paroles que nous avons dites, qu'elle ne douta plus un moment que ce ne fût une voix d'en haut, un avertissement de la sainte Vierge.

Mais que pouvait-elle faire, pauvre fille, sans argent, sans ressource, pour élever un sanctuaire ? Si elle en parle, elle sera traitée de folle, d'extravagante; et cependant la voix qui lui a parlé résonne toujours à son cœur ! Elle prend alors le parti de s'ouvrir à une noble dame de Tullin. Celle-ci lui conseilla d'aller voir la vénérable mère Bon, religieuse ursuline de Saint-Marcelin, qui était en odeur de sainteté, et dont on a écrit la vie.

Louise se sentait alors plus

incommodée que de coutume
d'un mal de jambe qu'elle avait,
et qui était la suite de la petite
vérole qu'elle avait eue dans son
enfance ; cependant elle ne crai-
gnit pas de se mettre en route
après avoir confié son troupeau
à une jeune bergère.

Elle fit part à la vénérable
religieuse du dessein qu'elle avait
formé de bâtir une chapelle en
l'honneur de la sainte Vierge sur
le mont de Parménie, et des
paroles mystérieuses qu'elle avait
entendues au-dedans d'elle-même.
Celle-ci, après l'avoir écoutée

et s'être convaincue que son dessein venait du ciel, l'engagea
fortement à y persévérer, et elle
lui conseilla d'aller s'ouvrir au
vénérable évêque qui gouvernait
le diocèse de Grenoble.

Le prélat l'écouta avec surprise, et lui demanda quels
moyens elle avait pour venir à
bout de cette entreprise.

« Hélas ! monseigneur, dit la
bergère, je n'ai rien ; mais celle
qui m'a donné l'ordre de lui élever un sanctuaire m'en donnera
les moyens et le pouvoir, si c'est

sa volonté ; je viens ici pour l'apprendre de vous.

— Ma fille, lui dit le prélat, le démon se change quelquefois en esprit de lumière pour nous perdre ; c'est lui peut-être qui vous a suggéré ce dessein, pour vous détourner des exercices habituels de piété et de dévotion. Priez Dieu, ma fille, qu'il vous éclaire, et, croyez-m'en, au lieu d'élever une chapelle au mont de Parménie, contribuez plutôt, autant que vous le pourrez, à réparer l'église de votre paroisse. »

Dieu, dans sa sagesse, a voulu

que les hommes, et surtout les
hommes destinés à diriger les
autres, eussent comme une réserve et une défiance naturelle contre toute nouveauté : c'est ainsi
que l'on désigne tout ce qui sort
des voies ordinaires et des usages
depuis longtemps adoptés, tout
ce qui emporte quelque caractère
de singularité et de privilége
miraculeux. Cette réserve et cette
défiance sont nécessaires pour
prévenir les abus innombrables
où jetterait le désir si naturel à
l'homme de se singulariser. Si,
dans l'Eglise, on recevait indis-

tinctement, et sans preuves suf-
fisantes, tout ce que des vision-
naires, des esprits légers ou per-
vertis et entêtés de leur mérite
voudraient donner pour des vérités et introduire dans l'Eglise
comme venant de Dieu, bientôt
il n'y aurait plus que confusion
et désordre. Il ne serait plus pos-
sible de discerner la vérité de
l'erreur, la sagesse des extrava-
gances, et les pratiques de piété
convenables des inventions ridi-
cules.

Aussi l'évêque de Grenoble,
rempli de la prudence qui a tou-

jours guidé les chefs de l'Eglise, renvoya Louise à un an, en lui disant de prier la sainte Vierge de lui faire connaître sa volonté sur cela.

L'année écoulée, la bergère vint retrouver le prélat :

« Monseigneur, lui dit-elle, je vous supplie de me permettre d'élever en l'honneur de la sainte Vierge une chapelle sur le mont de Parménie ; je crois que c'est la volonté de Dieu.

— Et comment connaissez-vous que c'est la volonté de Dieu? dit le prélat frappé de l'inspiration divine que trahissaient les paroles et le visage enflammé de la bergère.

— C'est, dit Louise, par de fréquentes inspirations qu'il n'est pas en mon pouvoir d'éloigner de ma pensée depuis plusieurs années.

— Priez Dieu, ma fille, qu'il me fasse connaître sa volonté, dit l'évêque; » et il voulut qu'elle donnât son nom à son secrétaire, afin qu'il pût se ressouvenir d'elle en temps et lieu.

Quelques mois s'étaient à peine écoulés, que le prélat fit appeler la bergère :

« J'ai prié, ma fille, lui dit-il, et Dieu m'a fait connaître sa volonté. Allez, et faites bâtir sur le mont de Parménie une chapelle en l'honneur de la sainte Vierge ; Marie a choisi ce lieu pour y répandre ses trésors de grâces et de bénédiction. »

Louise, pleine de joie, partit aussitôt. Elle était sans ressources, sans moyens aucuns ; mais Marie, qui lui avait suggéré le dessein d'élever ce sanctuaire, devait lui venir en aide. Elle fit la quête à Grenoble, à Valence et dans quelques autres villes ; les

affronts, les rebuts, ne lui manquèrent pas; mais les injures,
loin d'abattre les saints, ne font
que les encourager et les enflam-
mer davantage, parce qu'ils
savent que c'est une ressemblance
de plus qu'ils ont avec le divin
Sauveur. Louise n'en continua
donc pas moins son saint projet,
et, au bout de quelques jours,
elle se trouva tout heureuse de
pouvoir commencer l'édifice en
l'honneur de la mère de Dieu.

Pendant qu'on travaillait à sa
construction, il arriva un miracle
qui étendit au loin la renommée

de la bergère, et lui procura ensuite une multitude de dons dont
elle se servit pour orner et agran-
dir la chapelle.

Louise avait un sœur mariée.
Celle-ci la suivit sur la montagne, amena avec elle son enfant
âgé de deux ans, et le porta au
pied d'un arbre, près du lieu où
creusaient les ouvriers. L'un
d'eux lui jeta, sans y faire atten-
tion, une pierre à la tête. L'enfant ne donna plus aucun signe
de vie. La mère désolée pousse
des cris déchirants de douleur et
de désespoir. Louise, qui était

en prière, accourt aussitôt, et, informée de l'affreux malheur qui vient de frapper sa sœur, elle prend l'enfant dans ses bras, le porte sur l'autel de l'église en ruines où elle a tant de fois pleuré, et là elle conjure instamment Marie de rendre la vie à cet enfant. La sainte Vierge exauça sur-le-champ une prière faite avec tant de foi, et quelques moments après Louise put remettre l'enfant plein de vie entre les bras de sa mère qui pleurait de joie.

V

Grâce à ce prodige et à bien
d'autres que la mère de Dieu
opéra en faveur de sa fidèle servante, l'édifice fut achevé au
bout de deux ans, et Louise vint
y faire sa demeure. Elle se fit

bâtir une pauvre cabane où elle logea pendant sept ans, couchant sur la dure, ne faisant jamais de feu quelque temps qu'il fît, et s'estimant trop heureuse d'y manger un morceau de pain que les habitants des environs lui donnaient et de boire un peu d'eau qu'elle allait chercher à plus de deux mille pas au bas de la montagne.

Grande était la foule qui venait prier, dans la nouvelle chapelle, Notre-Dame des Croix, car c'était sous ce nom que Louise avait voulu que fût dédiée l'église du mont de Parménie. Souvent des prêtres y venaient dire la messe; mais la pieuse fille aurait désiré trouver un prêtre qui se consacrât exclusivement à desservir la modeste chapelle, et accueillir les nombreux pélerins qui venaient y faire des retraites ou des neuvaines. Elle fit part de son désir à la sainte Vierge, car c'était à elle qu'elle s'adressait toujours dans toutes ses nécessités. Marie lui fit entendre qu'elle serait exaucée.

En effet, quelque temps après, il vint un prêtre dévoué, plein de piété, d'abnégation et d'amour pour Marie. M. Roux s'offrit pour desservir le sanctuaire de Marie. On ne peut lire sans admiration son dévouement et son austérité. Pendant les premiers temps, il n'eut qu'une petite cellule dans laquelle il n'avait pour tout meuble qu'un grabat, et pour couverture un drap plié en deux; il ne vivait que des aumônes qu'on lui apportait, et ces aumônes au commencement étaient fort modiques. Lorsque, plus tard, les offrandes devinrent plus nombreuses, il entra dans l'esprit de la sainte bergère, dont il aimait à prendre les conseils, et ils employèrent tous les dons qu'on leur fit à faire construire de nouveaux bâti- ments, dans le dessein d'y rece- voir les personnes qui viendraient s'y recueillir, et pour soulager les pauvres....

Grâce au zèle des deux servi- teurs de Marie, la renommée du sanctuaire de Parménie y attirait beaucoup de personnes qui, sous la conduite de M. Roux, se livraient aux exercices de la piété et de la dévotion. Un grand nombre qui jusqu'alors avaient vécu dans le crime se convertissaient sincèrement, touchées des paroles du saint prêtre et persuadées par les exemples de Louise, qui n'avait pas moins de part que lui à la conversion des pécheurs.

On racontait dans les communes voisines les merveilles que Marie opérait sur le mont de Parménie par le moyen de sa servante, et l'évêque de Grenoble lui-même voulut aller visiter ce sanctuaire, dont il entendait dire tant de choses étonnantes.

A peine eut-il aperçu de loin les bâtiments, qu'il s'écria en levant les yeux au ciel : « *En voilà trop pour une bergère ; le doigt de Dieu est là.* » Etant entré dans la chapelle, il y fit une longue et fervente prière, accorda divers priviléges à cette sainte maison, et voulut lui-même en être le supérieur, en y instituant M. Roux pour son vicaire. De retour dans sa ville épiscopale, il voulut rendre compte, dans un mandement aux fidèles de son diocèse, de l'impression religieuse qu'il avait éprouvée dans cette sainte

solitude. Il y disait : « Nous
» avons été édifié, plus que nous
» ne le saurions dire , de l'œuvre
» qui est établie dans cette soli-
» tude par la piété d'une pauvre
» bergère qui y a construit, de
» notre consentement et avec le
» secours de plusieurs personnes
» charitables, une chapelle dédiée
» à la sainte Vierge, sous le
» vocable de Notre-Dame des
» Croix, où il semble que cette
» divine mère veut être parti-
» culièrement honorée, ce que
» nous ne saurions nous empê-
» cher de croire, en considérant

» les bénédictions que le Seigneur
» a répandues et répand sans
» cesse par l'intercession de cette
» puissante patronne. »

Une protection aussi paternelle
ne contribua pas peu à attirer à
Parménie une affluence considé-
rable de personnes qui, sous la
conduite de M. Roux et de sœur
Louise, venaient y faire leur
retraite. On n'entendait dans
cette solitude que le chant des
cantiques et des hymnes saints
qui s'élevaient à la louange de
Marie et de son divin fils. Aussi
que de grâces touchantes la

Reine des cieux accordait à ceux qui venaient la prier avec foi !

Les conversions y étaient surtout nombreuses. Un jour, l'on faisait à l'évêque de Grenoble le récit d'un miracle qui venait de s'opérer au sanctuaire de Notre-Dame de l'Osier. « Ah ! dit le prélat, c'est à Parménie que s'opèrent les plus grands miracles. Là des pécheurs endurcis versent des larmes de douleur et de repentir, obtiennent le pardon de leurs fautes, et de pécheurs obstinés qu'ils étaient, ils deviennent des anges de piété et de vertu. »

La pieuse bergère était trans-
portée de joie de voir ainsi les
fruits de son zèle tourner à la
gloire de sa bonne mère ; tous
les jours elle la remerciait de ses
faveurs et de sa protection si visiblement étendue sur ce sanctuaire.

Cependant les contradictions
ne lui manquèrent pas ; plus
d'un orage s'éleva et vint troubler
la sérénité de cet air pur et tout
imprégné de piété que l'on respi-
rait à Parménie : sœur Louise
les acceptait avec résignation, et
en prenait même occasion de

louer davantage la sainte Vierge ; mais, de tous les coups, le plus sensible fut sans contredit la mort du saint prêtre qui desservait la chapelle, de M. Roux, dont le zèle éclairé avait produit tant de fruits de bénédiction et de salut. Il mourut de la mort des saints; mais Louise en fut inconsolable.

En vain Marie lui envoya-t-elle un autre saint prêtre, M. Soland; la sainte bergère n'en conserva pas moins toujours un regret amer de la mort prématurée de M. Roux; et longtemps après elle aimait à raconter à ceux qui venaient la visiter les vertus du saint prêtre, et surtout son amour envers la Reine des cieux.

VI

Lorsque le fruit est bien mûr,
le moindre vent suffit pour en
emporter la graine. Louise avan-
çait en âge, et ses forces affai-
blies l'avertissaient qu'elle n'avait
plus que peu de temps à passer

sur la terre ; que bientôt elle aurait le bonheur d'être réunie à sa bonne mère.

En 1722, n'étant plus capable de faire des courses comme auparavant, elle ne voulut plus s'occuper que de la prière et penser au jour où elle paraîtrait devant le Seigneur. Elle fit elle-même son testament, avec le secours de son confesseur : elle disposa en faveur de la chapelle du mont de Parménie du petit fonds dont elle avait hérité de ses parents ; soumit le tout à la disposition de l'évêque de Greno-

ble et de ses successeurs, les
priant de vouloir maintenir, conserver et autoriser cette bonne
œuvre ; fonda un certain nombre
de messes pour le repos de son
âme et pour celle de M. Roux ;
et pour continuer à marquer sa
dévotion singulière envers la mère
de Dieu, elle voulut que tous les
samedis on chantât solennellement
les Litanies de la sainte Vierge
dans la chapelle de Parménie.
Après cela, libre et dégagée,
comme elle le désirait depuis
longtemps, de tout ce qui pouvait la distraire, se regardant

comme si elle n'avait plus été du siècle, elle passait les jours et les nuits à prier et à méditer. Le nom de Marie était presque toujours à ses lèvres ; elle la priait sans cesse pour qu'elle l'assistât au jour terrible de sa mort ; car bien qu'elle eût toujours vécu saintement, elle n'en redoutait pas moins les terribles jugements de Dieu.

Enfin Marie lui fit connaître, par une voix intérieure, qu'elle mourrait dans l'année ; et, comme pour la rassurer, cette bonne mère lui disait intérieurement :

« Ne crains rien, ma fille ; tu
» m'as servie avec trop de dévoue-
» ment pendant le cours de la
» vie, pour que je t'abandonne
» au moment de ta mort ; je se—
» rai avec toi à cette heure
» suprême, et j'écarterai le malin
» esprit ; car jamais le démon
» n'aura de pouvoir contre mes
» fidèles serviteurs. »

Consolée par ces paroles,
Louise attendit avec calme, nous
pourrions même dire avec impa-
tience, l'heure où Dieu voudrait
l'appeler à lui.

Ses vœux furent bientôt

exaucés. Une fluxion de poitrine la prit et la réduisit en quelques jours à l'extrémité. Voyant qu'elle n'avait plus que peu de temps à vivre, elle fit appeler auprès d'elle les compagnes qui l'avaient suivie dans la solitude; elle leur donna, avec une onction touchante, ses derniers conseils, et leur recommanda surtout l'amour de la sainte Vierge, leur mettant sous les yeux les fruits de grâce et de bénédiction que cette dévotion avait toujours produite.

Sa mort fut telle qu'on devait

l'attendre d'une vie aussi sainte et aussi remplie de bonnes œuvres. Le jour de Saint-Vincent de Paul, elle pria de grand matin ses compagnes de lui laver le visage et les mains, de lui donner du linge blanc, et de l'habiller comme pour paraître dans une grande fête ; ce qu'on fit avec beaucoup de délicatesse, pour ne pas la fatiguer. Le pieux ecclésiastique qui avait remplacé M. Roux étant venu la voir, et lui ayant demandé pourquoi elle était ainsi parée : « Ah ! mon- » sieur, lui répondit-elle, il faut

» partir; je vais paraître devant
» mon époux et retrouver ma
» bonne mère; ayez soin de Dieu
» et de cette maison. »

Quelque temps après, elle dit :

« Je sens quelques variations
dans mon esprit.

— Cela n'est rien, chère sœur,
dit l'ecclésiastique qui l'assistait;
unissez ces troubles à l'abandon
de notre Seigneur Jésus-Christ
dans le jardin des Olives et sur
sa croix. »

Malgré ses souffrances, elle
conservait toujours une grande
présence d'esprit. Ayant en-

tendu sonner deux heures, elle dit :

« Voilà l'heure d'aller dire le Chapelet : ah ! priez Marie pour moi. »

On la mit au lit ; mais à peine y fut-elle que la violente oppression qu'elle sentait l'obligea de prier qu'on la levât promptement, *parce que le temps presse*, dit-elle. Apercevant une de ses compagnes qui pleurait auprès de son lit, elle l'éloigna sous quelque prétexte, et dit :

« Elle a tort de pleurer; elle devrait plutôt se réjouir : ne voit-elle pas que je vais trouver la sainte Vierge. »

Un instant après, elle perdit tout d'un coup la parole, mais en conservant cependant sa présence d'esprit. On se hâta de lui administrer les derniers sacrements et de recommander son âme à Dieu. On avait à peine achevé les prières de l'Eglise, qu'elle reprit subitement la parole, et dit d'une voix assez forte : « *Allons, allons !* » — « *Et où aller, ma chère sœur ?* » dit l'ecclésiastique qui l'assistait. — « *Au ciel !* » répondit-elle en y élevant les yeux et d'une voix étouffée. Ce furent les dernières paroles qu'elle prononça, et bientôt après elle expira doucement.

Que tranquille et heureuse est la mort des serviteurs de Marie! Pendant leur vie, ils furent remplis d'amour pour cette mère de miséricorde, et elle veille sur eux à leurs derniers instants. En voyant cette mort si sainte de sœur Louise, nous devons nous écrier avec l'Ecriture sainte : *Heureux ceux qui meurent dans le Seigneur !*

SAINTE MARIE ÉGYPTIENNE.

On connaît généralement l'his-
toire de Marie Egyptienne, qui
d'une grande pécheresse devint
une grande sainte; mais ce que
l'on ignore peut-être, c'est
qu'elle fut une illustre servante

de Marie, et qu'elle dut à cette *bonne mère* le bonheur de sa conversion. Ecoutons-la faire elle-même à l'abbé Zozime, qui l'avait découverte dans sa solitude, le récit de sa conversion, alors qu'arrivée à Jérusalem, elle fut repoussée par une force divine de l'église où elle voulait entrer.

« Le jour de l'Exaltation de la Sainte Croix, aussitôt que le jour commença à paraître, je courus comme les autres à l'église, et je me trouvai avec eux sur la place qui est devant le lieu saint. Je voulus y entrer comme les autres, mais je me sentis repoussée par une puissance divine; j'essayai quatre ou cinq fois de vaincre cette opposition; mais voyant que tous mes efforts étaient inutiles, je me désespérais; je me trouvais d'ailleurs si faible que je ne pouvais me soutenir; car la foule qui se pressait aux abords de l'église m'avait froissé tout le corps. Je me retirai à l'une des extrémités de la place, et là mes yeux furent enfin ouverts sur la cause qui m'empêchait de voir le bois sacré sur lequel un Dieu est mort pour donner la vie aux hommes. Je connus que les crimes de ma vie passée me fermaient l'entrée de l'église. Alors, fondant en larmes et toute troublée, je me meurtrissais le sein et je poussais des cris de douleur, lorsque j'aperçus au-dessus de moi une image de la sainte mère de Dieu à laquelle j'adressai cette prière : « Sainte Vierge Marie, qui avez conçu un Homme-Dieu, je sais que, souillée de crimes comme je le suis, je ne suis pas digne d'adorer votre image sainte et de jeter les yeux sur vous qui êtes la

chasteté même, une vierge im-
maculée de corps et d'âme ; je
sais aussi que vous devez avoir
horreur d'une créature abomi-
nable et impure comme moi. Cependant, ô sainte Vierge, puisque j'ai appris que ce Dieu que
vous avez mérité de porter dans
votre sein ne s'est fait homme que
pour appeler les pécheurs à la
pénitence, je vous prie instamment de m'assister dans l'abandon où je suis de tout secours.
Recevez la confession que je vous
fais de tous mes crimes, et per-
mettez-moi d'entrer dans l'église,

afin que je ne sois pas si mal-
heureuse que d'être privée de la
vue du bois précieux où Jésus-
Christ votre fils a répandu son
sang pour mon salut. Comman-
dez, Reine du ciel, que la porte
me soit ouverte pour adorer cette
divine croix, et servez-moi de
caution auprès du Sauveur que
vous avez donné au monde; car
il ne m'arrivera jamais plus de
retomber dans mes désordres
passés. Aussitôt que j'aurai vu
et adoré ce bois sacré où votre
divin Fils souffrit la mort pour
nous, je renoncerai au siècle et à

tout ce qui en dépend , et j'irai à l'heure même partout où il vous plaira de m'envoyer, ô Vierge sainte , ma caution et mon guide. »

» Ayant achevé ces paroles , et ressentant une douce confiance en la bonté si tendre et si charitable de la mère de Dieu , j'allai à l'église, où j'entrai sans peine. Toutefois j'étais si tremblante qne je n'apercevais rien. J'arrivai pourtant jusqu'au chœur de l'église , où j'eus la grâce d'adorer cette croix glorieuse qui donne la vie aux hommes ; cette

expérience de la bonté de Dieu,
toujours prêt à recevoir les
pécheurs, m'ayant charmée, je
me jetai contre terre, et après
avoir baisé le sacré pavé du temple, je sortis et je courus vers
celle qui avait répondu pour
moi. Je me jetai à genoux devant
l'image de la très sainte Vierge,
et je lui parlai ainsi : « Très
» miséricordieuse mère de Dieu,
» vous m'avez bien fait sentir les
» effets de votre admirable bonté,
» puisque vous n'avez pas rejeté
» ma très humble prière, bien
» que je fusse indigne d'être

» écoutée. J'ai vu la gloire du
» Dieu tout-puissant qui, par
» votre intercession, reçoit les
» pécheurs à la pénitence. Il est
» temps, Vierge sainte, d'ac-
» complir avec votre assistance
» la promesse que je vous ai
» faite. Envoyez-moi donc où il
» vous plaira; soyez mon guide
» dans le chemin de mon salut,
» instruisez-moi dans la vérité,
» et montrez-moi la voie qui
» conduit à la pénitence. »

» Comme je parlais encore,
j'entendis une voix qui me criait
de loin que, si je passais le Jour-

dain, j'y trouverais le calme et la paix. Ne doutant pas que cet avis ne me fût donné par la sainte Vierge, je me retournai vers son image, et je dis : « Reine de » l'univers, par qui le salut est » arrivé aux hommes, ne m'a— » bandonnez point, je vous en » supplie. »

» Je sortis après avoir dit ces paroles, et je marchais précipitamment, quand une personne qui me vit me donna trois pièces d'argent, dont j'achetai trois pains pour le voyage. M'étant ensuite informée du chemin qui conduisait au Jourdain, j'y allai en courant et en pleurant.

» Vous jugez bien, mon père, que je fis de nombreuses réflexions pendant la route sur tout ce qui m'était arrivé dans cette journée. Il était environ la troisième heure du jour quand j'adorai la sainte croix, et le soleil était à son couchant lorsque j'aperçus l'église de Saint-Jean-Baptiste, qui est bâtie près du Jourdain : après y avoir fait ma prière, j'allai au fleuve et je me lavai le visage et les mains avec cette eau sainte, puis je retournai à l'église, où je reçus le corps de Notre-Seigneur Jésus-Christ qui donne la vie aux âmes, et après avoir mangé la moitié d'un de mes pains et bu de l'eau du fleuve, je me reposai la nuit sur la terre.

» Au point du jour je passai de l'autre côté du Jourdain, et là je demandai encore à la sainte Vierge de me conduire où il lui plairait. Je vins ensuite dans cette solitude où j'ai toujours vécu attendant la venue de mon Dieu qui sauve tous ceux qui se convertissent à lui.

» J'ai ainsi passé dix-sept ans en combattant sans cesse contre la violence de mes désirs, et combattue par d'horribles tentations. Mais lorsque j'étais ainsi tourmentée, je me jetais à genoux, en esprit, devant l'image de ma sainte protectrice, la conjurant d'avoir pitié de moi. Il m'arrivait assez souvent qu'après avoir ainsi pleuré, et m'être meurtrie de coups, une lumière éclatante m'environnait et mon esprit rentrait dans le calme. *Je puis vous assurer qu'au milieu des agitations les plus violentes je*

ne manquai jamais d'élever mon
cœur vers cette Vierge adorable ;
car, pendant dix-sept ans de com-
bats terribles, cette heureuse mère
de Dieu ne m'a point abandon-
née. »

C'est ainsi que sainte Marie
racontait à l'abbé Zozime sa conversion et la protection qu'elle
reçut de Marie, sa vie dans le
désert, et les grâces dont sa protectrice céleste la comblait. Aussi
vertueuse et aussi sainte qu'elle
avait été pécheresse, elle tint
à la sainte Vierge la promesse
qu'elle lui avait faite, et le récit

qu'elle nous fait elle-même de sa
vie montre qu'elle aimait tendre-
ment la Reine du ciel.

SAINT CASIMIR, PRINCE POLONAIS.

Au milieu des dangers de la cour, saint Casimir conserva intacte l'innocence de son baptême, par la protection de la très sainte Vierge, en l'honneur de laquelle il portait un rude cilice le jour et la nuit. Il communiait, jeûnait et prenait la discipline tous les samedis de l'année. Outre plusieurs autres pratiques journalières, il ne manqua jamais de réciter une hymne qu'il avait composée à la louange de sa *douce mère*, et dont il voulut qu'une copie fût placée dans son tombeau. Nous en citerons quelques strophes, pour faire connaître les sentiments de sa dévotion :

« O mon âme, annonce chaque jour les louanges de Marie; célèbre ses fêtes, célèbre ses vertus. Contemple, admire ses grandeurs, chante cette glorieuse mère, cette heureuse vierge. Honore Marie, afin qu'elle te délivre du péché; invoque Marie, afin qu'elle te fasse résister au torrent des passions. C'est elle qui nous a donné la grâce, c'est elle qui nous a sanctifiés par les secours du ciel. O ma langue, raconte la victoire de la vierge-mère qui nous a délivrés du joug de la malédiction. Personne ne pourra dignement la louer. Ses vertus sont les fleurs qui ennoblissent l'Eglise; ses paroles sont une grâce qui réjouit nos âmes. Marie est le modèle de notre conduite, la plénitude de la grâce, le temple de Dieu, le miroir de toute justice. O vous, l'ornement et la gloire de votre sexe, vous que la terre révère et qui brillez dans la gloire, vous la tige fleurie de Jessé, la beauté de l'univers, la lumière du monde, convertissez les pécheurs, purifiez leurs âmes, rendez-les dignes du ciel. Réjouissez-vous, Marie; vous êtes chaste et féconde, vous êtes vierge et mère, vous êtes mère de Dieu. Vous êtes belle comme le palmier orné de sa verdure et chargé de ses fruits. Heureuse Marie, vous avez rendu la joie à la terre et nous avez ouvert les portes du paradis. Vous nous avez appris à mépriser les vanités de ce monde, à combattre la chair, à résister aux vices et à chercher le Seigneur. Vous avez réprimé nos passions en nous donnant une récompense éternelle. Soyez à jamais bénie, vous qui avez enfanté notre Rédempteur, qui avez écrasé, vaincu le prince de la mort, et qui avez rendu la vie aux désespérés. Douce consolatrice de nos âmes, Marie, préservez-nous des châtiments à venir. Demandez pour moi la délivrance du feu de l'autre vie et le repos de la céleste béatitude. O Marie, écoutez mes soupirs, exaucez mes prières, guérissez les plaies de mon cœur, remplissez-les de vos bienfaits ! Rendez-moi chaste et modeste, sobre et miséricordieux, doux et pieux, sincère et réservé. Soyez la tutrice, soyez la protectrice des peuples chrétiens ; conservez-les en paix, malgré les persécutions du siècle. Je vous salue, brillante étoile de la mer, digne de tout hommage, plus belle que tous les astres. O Marie, recommandez-moi à Jésus votre Fils, afin que j'échappe au naufrage de ce monde! Défendez-moi contre l'ennemi du salut, conservez-moi dans la grâce. Répandez vos douceurs et vos bienfaits sur tous ceux qui persévèrent à vous louer, à vous aimer, à vous servir, etc., etc. »

SAINT GAÉTAN, FONDATEUR DÉS THÉATINS.

A peine eut-il reçu le jour,
que sa mère renouvela l'offrande
qu'elle en avait faite à la sainte
Vierge pendant qu'elle le portait
dans son sein, et la conjura avec
larmes de le prendre sous sa pro-

tection. Ses vœux furent exaucés ; car en grandissant en âge son fils grandissait aussi en piété. Il envisagea son enfance comme un noviciat, une préparation à la prêtrise. Revêtu de cette auguste dignité, il parut tout rempli d'un zèle nouveau. Faire aimer Jésus-Christ, faire servir la sainte Vierge, les honorer en secourant les malheureux, était son unique et ardente ambition. Il fonda l'Ordre des Théatins, dans lequel il fit une règle à ses disciples de demander en toute circonstance la bénédiction de la sainte

Vierge, de lui consacrer toutes les œuvres de leur ministère, de la faire intervenir dans leurs instructions, et d'exhorter les malades à l'invoquer souvent avec une grande confiance. Les noms sacrés de Jésus et de Marie remplissaient son cœur d'amour et se trouvaient sans cesse sur ses lèvres. Sa tendresse et son angélique ferveur semblaient se renouveler à mesure qu'il répétait ces noms divins. Dans toutes ses aspirations, il revenait à la sainte Vierge et la remerciait spécialement des grâces qu'il en recevait chaque jour. On lit dans la bulle de sa canonisation, *qu'il avait une si grande foi en célébrant, que lorsqu'il recevait Jésus-Christ à l'autel, il le recevait comme des mains de celle qui a été choisie pour être son auguste mère.* Plusieurs historiens rapportent qu'il eut le bonheur, la nuit de Noël 1517, d'être visité par Notre-Seigneur et la sainte Vierge, pendant qu'il faisait oraison dans l'église de Sainte-Marie-Majeure. On pense qu'il parle de cette grâce, lorsqu'il dit dans une lettre du 18 janvier 1518 :

« *J'ai eu la hardiesse, à l'heure où l'auguste Vierge est devenue mère du Verbe éternel, de m'approcher de la crèche qui est dans la basilique de Sainte-Marie-Majeure à Rome ; j'y ai été encouragé par les exemples de saint Jérôme, si amateur de cette crèche, et dont les ossements reposent auprès ; et avec la confiance du saint vieillard, j'ai reçu de la main de ma patronne son tendre enfant, le Verbe revêtu de sa chair. Mon cœur est bien dur, ne s'étant pas dissous et liquéfié en ce moment.* »

Sœur Louise.

SAINT JEAN DAMASCÈNE.

Ce pieux et savant prêtre, qu'on place au rang des Pères de l'Eglise, fut élevé par un religieux que ses parents avaient racheté des Sarrasins. Ses progrès dans les sciences et la piété le mirent bientôt en lumière. Nommé gouverneur de Damas, son humilité fut alarmée des honneurs que lui attiraient cette dignité et ses vertus ; il vendit ses biens, en donna le prix aux pauvres et aux églises, et se retira secrètement auprès du solitaire saint Sabas. Au milieu de ces moines de primitive ferveur, il devint un modèle d'humilité, de pénitence, et surtout de piété envers la mère de Dieu. Consacré par l'onction sacerdotale, nourri de la doctrine pure des traditions apostoliques, il sortit de son

désert pour combattre les enne-
mis de la foi qui brisaient les
images des saints et renversaient
les autels de Marie. Sans s'effrayer
de la puissance de l'empereur
Copronyme, il poussa jusque
dans Constantinople sa mission
contre les Iconoclastes. La sainte
Vierge était son appui, et il ne
craignait rien ; il l'invoquait sans
cesse, et il était plein d'espérance.
Pour consoler les fidèles persé-
cutés, pour affermir les nouveaux
convertis, pour assurer à tous
la ferveur et la persévérance, il
les exhortait à une constante

dévotion envers Marie. Il la comparait à *un bel arbre planté dans la maison de Dieu pour être le refuge de toutes les vertus, et l'abri contre les passions de l'enfer.* D'autres fois il l'appelait *une ville fortifiée, un asile assuré pour tous ceux qui l'invoquaient, la distributrice généreuse du don des grâces, l'espoir, l'amour, la vie des chrétiens.* On a encore plusieurs hymnes qu'il avait composés en l'honneur de Marie, soit pour répandre de plus en plus son culte, soit pour satisfaire à sa propre dévotion. *O Vierge bien-*

heureuse, s'écrie-t-il dans l'un de ses écrits, *vous être dévoué c'est avoir le salut entre les mains. O mère de Dieu, ouvrez-nous les portes de votre miséricorde en priant pour nous, car vos prières donnent la vie éternelle.*

SAINT GRÉGOIRE, PAPE.

Jeune et héritier d'une immense
fortune, élevé à la dignité de
préteur de Rome, il vendit ses
terres, fonda des monastères,
distribua aux pauvres le reste de
ses biens, et s'enferma dans un

couvent. Miraculeusement dé-
signé pour monter au trône
pontifical, il éteignit les dissen-
sions de l'Eglise d'Orient, détrui-
sit en Espagne le restes de l'aria-
nisme, convertit les Juifs de la
Sardaigne et de la Sicile, et fit
partout refleurir les vertus chré-
tiennes.

Quoique exténué par le jeûne
et l'étude, il passait une grande
partie des nuits en prière. Le
bien qu'il opéra paraîtrait in-
croyable, si l'on n'envisageait
que les ressources humaines.
Mais il était aidé par le secours

d'en haut, et ce secours lui était accordé avec abondance, car c'était par Marie qu'il le demandait à Dieu. La ville de Rome dut aussi à la dévotion de saint Grégoire envers la sainte Vierge la cessation de la peste. Ce saint pontife exhorta d'abord le peuple à la pénitence, et pratiqua lui-même des jeûnes rigoureux et plusieurs austérités. Il convoqua ensuite les fidèles et se plaça à leur tête pour les conduire à la basilique de Sainte-Marie-Majeure. On chanta neuf fois le *Kyrie eleison* en l'honneur des

neuf chœurs des Anges. Cependant la contagion continuait ses
ravages, et quatre-vingts personnes présentes venaient d'expi-
rer. La vue des morts, les gémis-
sements de leurs parents, les
cris confus et les sanglots de la
foule, mêlés aux prières des
prêtres, déchiraient tous les
cœurs; Grégoire ranime la foi
des assistants et ordonne qu'on
apporte l'image de la sainte
Vierge dite de saint Luc. Il invo-
qua de nouveau la protection de
la mère de Dieu, et tout-à-coup
un bruit agréable retentit dans

les airs; on entendit chanter distinctement : *Regina cœli, lætare, alleluia, quia quem meruisti portare, alleluia, resurrexit sicut dixit, alleluia.* Saint Grégoire ajouta aussitôt : *Ora pro nobis Deum, alleluia.* Dès ce moment le fléau cessa, et l'on vit sur la tour d'Adrien, qui pour cette raison fut appelée *Château-Saint-Ange*, un chérubin qui rentrait une épée dans son fourreau. Le saint pape, en souvenir de cette grâce, ordonna que l'antienne *Regina cœli*, avec les mots qu'il y avait ajoutés, fussent placés dans les prières de l'Eglise, que le *Kyrie* fût répété neuf fois à l'*Introït* de la messe, et qu'une procession générale se fît chaque année vers le même temps. Cette procession est appelée aujourd'hui *Litanie majeure* ou procession de saint Marc.

SAINT ILDEFONSE ÉVÊQUE.

Sa science et sa piété le ren-
dirent célèbre dans l'Ordre des
Bénédictins, dont il fut un des
plus glorieux ornements. Elu
évêque de Tolède, il ranima par
des travaux prodigieux la piété et

la ferveur dans toutes les classes de son diocèse. Il faisait au peuple de fréquentes exhortations dans lesquelles il ramenait souvent les grandeurs, les vertus et les bienfaits de la sainte Vierge. On sentait qu'il parlait de toute l'abondance de son âme et qu'il éprouvait alors une céleste jouissance. Son secret pour convertir les pécheurs était de les conduire à Marie, et il témoignait la plus grande assurance sur leur salut quand il les voyait persévérer dans le culte de celle qu'il appelait la *réparatrice de l'univers*, la *trésorière de toutes les grâces du ciel*. Son zèle pour la pureté de la foi et pour la gloire de la mère de Dieu se manifesta surtout contre la doctrine impie de Péla-ge, qui blasphémait contre Jésus-Christ et la sainte Vierge. Il le confondit de la manière la plus victorieuse dans son livre *de la Virginité perpétuelle de la sainte Vierge*. C'est là encore qu'il don-ne un libre cours à ses senti-ments de tendresse filiale, de confiance affectueuse envers l'au-guste et divine Reine des cieux.

On cite à cette occasion une

apparition de la sainte Vierge qui vint le remercier de *sa défense* dont elle tenait le livre en main, et qui lui laissa en présent une chasuble d'une éclatante blancheur.

Cette apparition fut si authentique, qu'en un concile d'Espagne, tenu sous l'évêque de Tolède appelé Giles, il fut ordonné qu'en souvenir de la grâce que la sainte Vierge avait faite à saint Ildefonse, la même fête serait solennisée avec pompe dans tout le diocèse. Saint François de Sales en fait aussi mention dans une lettre à une supérieure de la Visitation : « *J'ai une spéciale consolation de voir comme elle donna une robe d'une blancheur non pareille à son serviteur saint Ildefonse, évêque de Tolède ; car pourquoi n'en donnerait-elle pas une à notre chère sœur ? etc.* »

SAINT SIMON STOCK.

Du désert où il avait vécu
depuis l'âge de douze ans, Simon
se sentit attiré vers les ermites
du mont Carmel, parce qu'il
avait observé que ces religieux
honoraient d'un culte spécial la

mère du Sauveur. Devenu géné-
ral de l'Ordre, il consacra de
nouveau à la sainte Vierge sa
personne, ses actions et toute sa
vie. Il exhorta fortement ses religieux à se rendre toujours plus
dignes de celle qu'ils avaient
choisie pour leur mère, à la servir avec une perfection plus
grande, et ranimer instamment
parmi les fidèles ce puissant
moyen de sanctification. Pour
lui, il ne cessait de demander
tous les jours à l'auguste Vierge
de lui faire connaître comment il
pourrait propager son culte par

toute la terre. Un soir que, dans cette même intention, il la suppliait avec plus d'instance, la mère de miséricorde lui apparut brillante de gloire et accompagnée d'une multitude d'esprits célestes. Elle tenait en main l'habit de l'Ordre, c'est-à-dire le scapulaire, qu'elle lui présenta en lui disant : « *Voici, mon cher fils, ce que vous désirez, un privilége pour vous et pour tous les vôtres; à cette marque on vous reconnaîtra pour mes serviteurs. C'est un gage de paix et d'alliance éternelle; c'est un signe de salut,* c'est une sauvegarde dans les périls. Quiconque mourra après avoir dignement porté cet habit, n'éprouvera point les feux de l'enfer. » La vérité de cette apparition a été attestée par Simon lui-même au souverain pontife Innocent IV ; elle a été démontrée par le P. Pierre Swaynton, compagnon et confesseur de saint Simon ; elle a été prouvée par le P. carme Cosme de Villiers ; reconnue par Benoît XIV, dans son livre de la Canonisation des Saints ; appuyée par dix-huit papes qui se sont revêtus du scapulaire et ont enrichi cette dévotion de nombreuses indulgences; enfin la protection que la sainte Vierge promit à tous ceux qui porteraient dignement le scapulaire s'est manifestée par une foule de miracles dont un grand nombre sont rapportés dans le *Scapulare Marianum*.

SAINT VINCENT FERRIER.

A l'age de seize ans, il entra
au noviciat des Frères Prêcheurs,
pour qui il avait une grande
prédilection, parce que saint
Dominique, qui en était le fondateur, avait puissamment ranimé

dans l'Eglise le culte de la sainte Vierge. Favorisé du don des miracles et armé d'une confiance sans borne en la puissance de Marie, il voyait les populations accourir en foule et se convertir par milliers à ses prédictions. Il n'est pas de missionaire qui, pendant sa vie, ait joui d'une réputation de sainteté aussi étendue. La Bourgogne, le Berry, le Dauphiné, la Savoie, la Suisse, le Piémont, l'Allemagne, l'Angleterre et les royaumes d'Espagne s'ébranlèrent à sa parole et parurent renaître à une nouvelle vie. Pour lui, il était touché jusqu'aux larmes, à la vue des bénédictions que le Seigneur attachait à son ministère. Il en attribuait la gloire à la sainte Vierge, qu'il invoquait toujours avec ardeur avant de prêcher. Dès son enfance, il n'avait jamais oublié de faire tout pour Dieu et tout par Marie. Il s'adressait à elle comme un enfant à sa mère, lui demandant avec simplicité, sans hésitation, les grâces qu'il souhaitait, soit pour lui, soit pour les pécheurs. Plusieurs fois elle lui témoigna combien elle se plaisait à l'exaucer. Etant encore dans son monastère, il suppliait un jour *sa divine mère* de lui faire la grâce qu'il ne souillât jamais sa pureté. Une voix se fit entendre qui lui annonçait un refus irrévocable. Surpris, il prie de nouveau avec d'abondantes larmes. Aussitôt la sainte Vierge lui apparaît toute brillante d'une clarté céleste, et lui dit : « *Ne vous troublez pas, mon fils; ce que vous venez d'entendre est une ruse du père du mensonge pour vous décourager; mais persévérez dans la résolu-*

tion que vous avez prise et dans l'engagement que vous avez con—tracté; mettez toute votre confiance en la bonté de mon fils et en ma protection. Le démon vous tendra beaucoup de piéges, et vous livrera bien des assauts; mais vous serez fortifié par la grâce, et vous sortirez toujours victorieux du combat. Depuis cette consolante vision, Vincent Ferrier, dit l'historien de sa vie, vécut plutôt en ange qu'en homme, faisant chaque jour, avec l'aide de Marie, des progrès sensibles dans la voie de la perfection.

SAINT PIE V, PAPE.

A l'age de quatorze ans, il
entra dans l'Ordre des Domini-
cains, où il se montra digne
de cette école de vertus, ouverte
et agrandie sous les auspices de
la très sainte Vierge. Son amour

pour Dieu, sa ferveur et sa confiance envers Marie, sa fidélité à la règle, devenaient de jour en jour plus remarquables, et les religieux ne doutaient pas qu'il ne devînt bientôt un grand saint dans l'Eglise. Ses travaux apostoliques, son zèle pour la propagation du culte de la mère du Sauveur, se répandirent au loin, et saint Charles Borromée se donna beaucoup de mouvement pour le faire nommer à la tête de l'Eglise. Toute la chrétienté applaudit à son exaltation sur le saint-siége, et partout on attendait de lui de grandes choses. Jamais on n'oubliera le service qu'il a rendu à l'Eglise, à l'Europe entière, en arrêtant l'armée turque prête à se jeter avec des forces formidables sur Venise, la Sicile et toute la chrétienté. Ce vigilant pasteur épuisa alors toutes ses ressources d'hommes et d'argent pour augmenter les forces des princes chrétiens. L'armée se trouva bientôt en présence de la flotte ottomane; celle-ci avait mouillé à Lépante, et brûlait du désir d'en venir aux mains, comptant sur le nombre et la valeur de ses soldats, mais ignorant que le pape intéressait dans cette cause celle que le Saint-Esprit appelle *terrible comme une armée rangée en bataille*. En effet, ce nouveau Moïse levait les mains au ciel, jeûnait au pain et à l'eau, passait les nuits en prières, versant des torrents de larmes aux pieds de la sainte Vierge. Le 7 octobre 1571, étant au Vatican avec plusieurs cardinaux, il les quitta tout-à-coup, ouvrit la fenêtre, et, les yeux fixés vers le ciel, il demeura quelques instants immobile ; puis, comme revenu d'un ravissement, il leur dit : « *Ce n'est plus le temps de parler d'affaires : allez rendre grâces à Dieu de la victoire que notre armée vient de remporter sur les Turcs.* » Ensuite, s'étant prosterné devant son crucifix, il y passa le reste de la journée à remercier le Seigneur de la délivrance de son peuple. Quatorze jours après, un courrier arrivé à Rome, et venant de l'armée, confirma la nouvelle qu'on ne savait encore que par la révélation faite au souverain Pontife.

Pour témoigner sa reconnaissance à la Reine du ciel, le saint pape inséra dans les Litanies ces mots : *Secours des chrétiens, Auxilium christianorum*, et établit la fête de Notre-Dame des Victoires, que Grégoire XIII fixa au premier dimanche d'octobre, sous le titre de Notre-Dame de la Victoire et du *Saint Rosaire*.

SAINT FÉLIX DE CANTALICE.

Il passa les premières années
de sa vie dans les exercices de
piété, tournant sans cesse son
cœur à l'amour de Dieu et à la
confiance en la sainte Vierge.
Dès qu'il avait été instruit de la

puissance, de la miséricorde de
Marie, il s'était senti attiré à la
choisir pour sa protectrice; aucun jour il n'oublia de réitérer
cette consécration. On attribue
à cette pieuse pratique la grâce
qu'il obtint de conserver jusqu'à
la mort une angélique pureté! A
l'âge de vingt ans, il entra chez
les Pères Capucins, en qualité de
frère convers. Là il embrassa
avec amour toute la rigueur de
la règle; jamais il n'accordait à
ses sens une seule satisfaction; il
jeûnait au pain et à l'eau pendant
les trois carêmes d'usage dans cet

ordre, et ce pain il le prenait des restes de ce qui avait été servi aux autres frères. Il recevait la communion avec de si ardents sentiments d'amour, qu'il ne pouvait retenir ses larmes, ce qui se renouvelait chaque fois qu'il approchait de l'église ou qu'il entendait parler des mystères du Sauveur; le nom seul de Jésus le fit souvent entrer en oraison. Ces saintes ardeurs le consumaient intérieurement; elles reprenaient une nouvelle intensité lorsqu'il se tournait vers la mère de son bien-aimé Sauveur. La veille de ses fêtes, il jeûnait au pain et à l'eau et se macérait par une vigoureuse discipline. Il récitait le Chapelet tous les jours, et le Rosaire tous les samedis ; cependant il était quelquefois obligé de l'interrompre, pour donner un libre cours aux élans de son cœur. Les grâces qu'il recevait de la sainte Vierge étaient si remarquables qu'on l'appelait communément *le favori de Marie*. Une nuit qu'il priait dans l'église du monastère, il se sentit si vivement embrasé du divin amour, qu'il se lève subitement, et, comme transporté hors de lui-même, il court à l'autel de la sainte Vierge; là, avec toute la vivacité de sa foi et la simplicité de son amour, il la supplie de vouloir bien, pour un instant, lui donner à baiser son cher fils. Il fut exaucé. La sainte Vierge lui apparaît aussitôt, environnée d'une grande lumière, et lui remet gracieusement entre les mains l'enfant Jésus. C'est à cause de cette faveur extraordinaire qu'on le représente à genoux et recevant de la sainte Vierge le divin enfant dans ses bras.

SAINT ALPHONSE-MARIE DE LIGUORI.

Cet ardent missionnaire convertit des milliers de pécheurs en annonçant dans les villes et les campagnes les jugements de Dieu et les miséricordes de Marie. Il ne commençait pas de mission sans avoir fait prier et invoquer lui-même celle qui est le *Refuge des pécheurs*, et il n'en terminait pas les exercices sans avoir placé solennellement sous sa protection les fruits de ce laborieux et consolant ministère.

Il portait toujours un Chapelet à sa ceinture, et n'allait point se coucher qu'il ne l'eût récité avec cinq Psaumes en l'honneur du nom de Marie. Il était dans l'usage d'interrompre sa conversation pour réciter la Salutation angélique toutes les fois que l'horloge sonnait , eût-il été dans la compagnie la plus distinguée ; il prétendait qu'un *Ave , Maria,* valait plus que le monde entier.

Quand il fut devenu sourd , il exigeait qu'on l'avertît des coups de l'*Angelus ;* s'il était à table , il cessait aussitôt de manger et tombait à genoux. Il ne sortait point de la maison et n'y entrait point sans lui faire une visite. Il n'entreprenait pas la plus petite affaire sans implorer son secours.

Ses ouvrages, ses sermons, nombre de prières qu'il a composées, les Visites à la sainte Vierge qu'il a placées à la suite de chaque Visite au saint Sacrement, sont un témoignage de son extraordinaire dévotion à la mère de Dieu. Son livre des *Gloires de Marie* surtout est un beau monument de son zèle et de son amour pour sa glorieuse protectrice. Il a établi dans sa congrégation la règle non-seulement d'invoquer souvent la protection de la Reine du ciel, mais encore de prier tous les samedis pour les personnes dévotes à la sainte Vierge.

De telles dispositions produisirent leur fruit ; la vie de ce pieux évêque fut une carrière de sainteté ; il en vit arriver le terme avec joie, désirant ardemment de voir finir son pélerinage, et aller, disait-il, *baiser les pieds de la sainte Vierge.*

Pour saint Alphonse, comme pour tous les saints, Marie fut la porte du ciel. Il l'honora constamment, il employa tout l'ascendant de son ministère pour ranimer et propager son culte ; mais cette tendre mère, qui nous prévient par ses douces invitations, qui ne se laisse jamais vaincre en générosité et en amour, se plut à lui accorder, même pendant sa vie, des consolations admirables.

En 1779, une grande sécheresse désolait la campagne ; saint Alphonse entre dans l'église de Sainte-Marie-des-Grâces, invite le peuple à la pénitence, et promet de la part de la sainte

Vierge une pluie abondante : la foule se jette au tribunal de la pénitence, et au jour indiqué tombe une pluie à verse qui dure plusieurs jours.

Un incendie éclata auprès de son habitation : il se mit aussitôt en prières, puis il envoya jeter une image de la sainte Vierge dans le feu qui s'éteignit à l'instant.

A la mission d'Amalphie, pendant qu'il exhortait les pécheurs à invoquer la sainte

Vierge, il s'écria tout-à-coup : « *Oh! que ne puis-je, mes frères, animer vos prières à Marie de toute la confiance que vous lui devez! Ah!* je veux du moins *la prier pour vous!* » A ces mots, ses yeux se fixent au ciel, il s'élève à deux pieds au-dessus de la chaire ; son visage était tout en feu ; il était tourné vers une statue de la sainte Vierge : bientôt la figure de la Vierge paraît s'animer ; elle est resplendissante, et jette une grande lumière sur le front de l'extatique prédicateur. Descendu de son ravissement, il annonça au peuple que Marie leur accordait sa protection.

Dans la ville d'Arienzoun, semblable miracle se renouvela trois fois à des époques différentes, et toujours à l'occasion de ses discours sur la miséricorde et la puissance de Marie. Les habitants de Saint-Georges, diocèse de Salerne, et de quelques autres villes, furent témoins de plusieurs prodiges de ce genre.

Tous ces faits se sont accomplis

en public et devant plus de dix mille personnes ; ils ont été reconnus dans le procès de la canonisation ; et lorsque le pape Pie VII publia le décret de sa béatification, on plaça à l'entrée de Saint-Pierre un tableau représentant le moment où des rayons de lumière, venant d'une image de la sainte Vierge, se réfléchissaient sur le front du prédicateur en extase. Cette fête eut lieu le 15 septembre 1816.

FIN.

Isle. — Typ. Mart. et Ardant frères.